W0180324

Thomas Ochs · Thomas Geuppert

Miteinander weitergehen

Thomas Ochs · Thomas Geuppert

Miteinander weitergehen

Zehn Wegetappen mit den Emmausjüngern

echter

INHALT

Um es gleich vorwegzunehmen: Wir, die Autoren, sind keine distanzierten Beobachter jener Jünger, deren Erlebnisse auf ihrem Gang nach Emmaus vom Evangelisten Lukas beschrieben werden.

Während der Beschäftigung mit dieser Geschichte haben uns persönliche Erfahrungen diesen Weg nacherleben lassen und wir fühlten uns manchmal unvermittelt in die Situation jener Jünger hineinversetzt. Aus dieser Perspektive heraus haben wir das vorliegende Buch über einen längeren Zeitraum hinweg zusammengestellt. Es kündet von unserem eigenen Lebens- und Glaubensweg und von unseren Erlebnissen mit vielen anderen Weggefährten.

Wir sind überzeugt, dass die Geschichte der Emmausjünger eine „Wandlungsgeschichte zum Guten" ist und auch heute in ähnlicher Weise erlebt werden kann. Während so mancher „Emmausgänge" im Schwarzwald und im Spessart haben wir wie die beiden Jünger erfahren, dass Gott bei uns ist und unser Leben zum Guten wandeln will.

Dieses Buch ist für die persönliche Betrachtung, für Emmausgänge und Exerzitien bzw. Exerzitien im Alltag ebenso geeignet wie für Schriftgespräche, Gruppenstunden und Glaubenskreise oder als Predigtanregung. Zehn Etappen laden ein, den Weg der Emmausjünger zu betrachten und im eigenen Leben mit Gott und den Menschen zu gehen. Es sind Deutungsmöglichkeiten einer wunderbaren Geschichte, die Denkanstöße für den eigenen Lebensweg geben. Die einzelnen Wegetappen werden jeweils ausgelegt und in die heutige

Zeit hinein aktualisiert. Entsprechende Impulse und Gebete schließen jede Etappe ab. Für die Praxis sind mehrere Lieder abgedruckt, die thematisch zur Emmausgeschichte passen.

Viele Weggefährten haben geholfen, dass dieses Buch entstehen konnte. Wir danken allen ganz herzlich! Besonders danken wir Frank Barrois, Achim Käflein, Tobias Katona, Angelika Kügele, Sebastian Kunz, Matthias Leis, Johannes Maier, Alfred Mathis und Herrn Heribert Handwerk vom Echter Verlag. Unserem gemeinsamen Lehrer Prof. Dr. Heinrich Pompey sind wir sehr dankbar für die persönliche Wegbegleitung und die wertvollen Hinweise in der Endphase des Buches. Der Hausgemeinschaft des Priesterseminars Collegium Borromaeum in Freiburg, der Pfarrei Mariä Heimsuchung in Rechtenbach und den Jugendlichen des Dekanates Lohr danken wir für so manche Inspirationen.

VORWORT ZUR ZWEITEN AUFLAGE

Es freut uns, dass die erste Auflage dieses Buches viele positiv bewegt hat. Mittlerweile hat sich auch bei uns, den Autoren, lebensgeschichtlich nochmals Wesentliches ereignet. Dabei hat sich für uns die Erfahrung der Emmausjünger verstärkt, die im Nachwort zu lesen ist: Wir sind überzeugt, dass Gott alles ehrliche Suchen und Ringen begleitet und eine Perspektive aufzeigt!

Ostermontag, 25. April 2011

Thomas Ochs   Thomas Geuppert

Die Emmauserzählung

¹³ Am gleichen Tag waren zwei von den Jüngern auf dem Weg in ein Dorf namens Emmaus, das sechzig Stadien von Jerusalem entfernt ist. ¹⁴ Sie sprachen miteinander über all das, was sich ereignet hatte. ¹⁵ Während sie redeten und ihre Gedanken austauschten, kam Jesus hinzu und ging mit ihnen. ¹⁶ Doch sie waren wie mit Blindheit geschlagen, so dass sie ihn nicht erkannten. ¹⁷ Er fragte sie: „Was sind das für Dinge, über die ihr auf eurem Weg miteinander redet?" Da blieben sie traurig stehen, ¹⁸ und der eine von ihnen – er hieß Kleopas – antwortete ihm: „Bist du so fremd in Jerusalem, dass du als Einziger nicht weißt, was in diesen Tagen dort geschehen ist?" ¹⁹ Er fragte sie: „Was denn?" Sie antworteten ihm: „Das mit Jesus aus Nazaret. Er war ein Prophet, mächtig in Wort und Tat vor Gott und dem ganzen Volk. ²⁰ Doch unsere Hohenpriester und Führer haben ihn zum Tod verurteilen und ans Kreuz schlagen lassen. ²¹ Wir aber hatten gehofft, dass er der sei, der Israel erlösen werde. Und dazu ist heute schon der dritte Tag, seitdem das alles geschehen ist. ²² Aber nicht nur das: Auch einige Frauen aus unserem Kreis haben uns in große Aufregung versetzt. Sie waren in der Frühe beim Grab, ²³ fanden aber seinen Leichnam nicht. Als sie zurückkamen, erzählten sie, es seien ihnen Engel erschienen und hätten gesagt, er lebe. ²⁴ Einige von uns gingen dann zum Grab und fanden alles so, wie die Frauen gesagt hatten; ihn selbst aber sahen sie nicht."

[25] Da sagte er zu ihnen: „Begreift ihr denn nicht? Wie schwer fällt es euch, alles zu glauben, was die Propheten gesagt haben. [26] Musste nicht der Messias all das erleiden, um so in seine Herrlichkeit zu gelangen?" [27] Und er legte ihnen dar, ausgehend von Mose und allen Propheten, was in der gesamten Schrift über ihn geschrieben steht.

[28] So erreichten sie das Dorf, zu dem sie unterwegs waren. Jesus tat, als wolle er weitergehen, [29] aber sie drängten ihn und sagten: „Bleib doch bei uns; denn es wird bald Abend, der Tag hat sich schon geneigt." Da ging er mit hinein, um bei ihnen zu bleiben. [30] Und als er mit ihnen bei Tisch war, nahm er das Brot, sprach den Lobpreis, brach das Brot und gab es ihnen. [31] Da gingen ihnen die Augen auf, und sie erkannten ihn; dann sahen sie ihn nicht mehr.

[32] Und sie sagten zueinander: „Brannte uns nicht das Herz in der Brust, als er unterwegs mit uns redete und uns den Sinn der Schrift erschloss?"

[33] Noch in derselben Stunde brachen sie auf und kehrten nach Jerusalem zurück, und sie fanden die Elf und die anderen Jünger versammelt. [34] Diese sagten: „Der Herr ist wirklich auferstanden und ist dem Simon erschienen." [35] Da erzählten auch sie, was sie unterwegs erlebt und wie sie ihn erkannt hatten, als er das Brot brach.

Entdeckt und begeistert

Bevor die Emmauserzählung beginnt, haben die beiden Jünger bereits eine „Vorgeschichte", eine wichtige Etappe hinter sich. Die beiden hatten den Mut, ihrer Sehnsucht zu trauen und dem zu folgen, was sie als richtig erkannt haben. Sie hatten etwas gefunden, das sie glücklich macht, egal, was die anderen darüber denken. In Jesus entdeckten sie einen Propheten und Lehrer, der mehr verkündete als die anderen Propheten: [19] „... *Er war ein Prophet, mächtig in Wort und Tat vor Gott und dem ganzen Volk.*" Er predigte mit einer anderen Vollmacht, die die Menschen berührte und veränderte. Er besaß die Fähigkeit zu heilen und dem Leben einen neuen Sinn zu geben.

In Jesus Christus erlebten sie Gottes Liebe und Menschenfreundlichkeit. In ihm sahen sie mehr und mehr Gott selbst. Damit hatten sie „das große Los" gezogen. Ihnen war klar geworden: Mit ihm lohnt es sich zu leben, denn er ist nicht einfach einer unter vielen anderen.

Die beiden hatten erkannt: Es gibt „mehr als alles". Mehr als das, was sie zuvor in ihrer Lebenswelt sahen und wofür sie bisher gelebt hatten. Mehr als nur diese Zeit, diese Menschen, dieses Geld ... Und dieses „Mehr" ist in Gott zu finden, wie ihn Jesus verkündet hat.

So haben sie alles „auf eine Karte" gesetzt und sich der Schar seiner Jünger angeschlossen. Ihr Leben änderte sich dadurch grundlegend: Für ihn ließen sie vieles los, woran bisher ihr Herz hing, und sie folgten ihm nach.

Die Begegnung mit anderen Menschen bestimmt und verwandelt unser Leben. „Der Mensch wird am Du zum Ich" (Martin Buber). Jeder braucht mindestens ein menschliches Gegenüber, um glücklich leben und sich entfalten zu können. Die Sehnsucht nach gelingender Beziehung, nach Gemeinschaft und gesellschaftlicher Anerkennung ist eine Ursehnsucht von uns Menschen. Viele Menschen lassen Dinge los, weil sie zum Beispiel auf die große Liebe oder auf ein großes Ziel setzen, das sie entdeckt haben. Mit dem geliebten Partner oder für einen Traumberuf ist man bereit, an neue Orte zu ziehen und etwas Altes aufzugeben.

Doch gleichzeitig sehen wir oft, wie diese Beziehungen und Ziele uns nicht ganz ausfüllen. Wir haben immer noch eine Sehnsucht nach „mehr" in uns. Es gibt die Erfahrung, dass kein Mensch und kein Ding dieser Welt die Sehnsucht ganz erfüllen kann. Immer bleibt ein unstillbarer „Rest", ein „Mehr" an Bedürfnissen und Wünschen.

Menschen können einander überfordern, wenn sie alles von einem anderen Menschen oder von einer Sache erwarten. Dann wandelt sich die jeweilige Situation schnell zum Negativen und es ist kein Weiterkommen im positiven Sinn mehr möglich.

Kein Mensch und kein Ding kann dem anderen sein „Gott", sein Ein und Alles sein. Der heilige Augustinus nennt in seinen „Bekenntnissen" den Grund dieser unstillbaren Sehnsucht und zeigt gleichzeitig auf, wo Erfüllung zu finden ist: „Du hast uns auf dich hin ge-schaffen und unruhig ist unser Herz, bis es Ruhe findet in dir, o Gott." Nur der unendliche Gott selbst kann die Sehnsucht des Menschen ganz erfüllen. Wer sein Leben bewusst mit Gott lebt, der ist mit der Quelle des Lebens verbunden. Durch ihn gelingt menschliche Gemeinschaft und das Leben findet einen letzten Sinn.

Die beiden Emmausjünger durften das in der Begegnung mit Jesus Christus erfahren.

Was ist mir wirklich wichtig im Leben?

Wo suche ich meine Erfüllung?

Fällt es mir leicht, aus verschiedenen
Möglichkeiten eine Wahl zu treffen?
Entscheide ich selbst oder
lasse ich mich dabei eher fremdbestimmen?
Mache ich mich abhängig von der Meinung anderer?

Habe ich den Mut,
im Leben alles auf *eine* Karte zu setzen?
Mich eventuell für einen Menschen zu entscheiden,
an dessen Seite ich mein Leben verbringen möchte?
Mich für Gott zu entscheiden, der meine Sehnsucht
nach Geborgenheit und Verständnis stillen kann?

Habe ich durch die Entscheidung entdeckt,
wonach ich gesucht habe?

Habe ich Sicherheit erfahren dürfen
und Glück gefunden?

Wurde ich enttäuscht?
Wenn ja, lag diese Enttäuschung
an zu hohen Erwartungen von mir
oder fühle ich mich einfach missverstanden?

Gott, manchmal habe ich den Eindruck,
mein ganzes Leben besteht nur aus der ständigen Suche
nach dem großen und letzten Glück.

Kaum bin ich eins mit mir und meinem Leben,
macht sich in mir schon wieder Unruhe breit.

Gott, meine Hoffnung ruht auf dir.
Du willst mir die Aussicht schenken,
dass ich einmal Frieden mit mir
und der Welt finden werde.

Schenk mir in meinem momentanen
Lebensabschnitt die nötige Sicherheit.
Hilf mir bei anstehenden Entscheidungen.
Und zeig dich mir als der Beständige,
auf den ich mich verlassen kann.

Durchkreuzt

Es sind Sternstunden mit Jesus und in der Gemeinschaft mit Gleichgesinnten, die die beiden Jünger beflügeln. Dann passiert es: In dem, was ihnen am wich-
tigsten und heiligsten ist, erleben sie die größte Katastrophe ihres Lebens. Die Sehnsucht nach Leben und
Erfüllung wird abgrundtief enttäuscht. Ihr Lebensin-
halt wird verspottet, gekreuzigt und getötet. [21] *„Wir
aber hatten gehofft, dass er der sei, der Israel erlösen
werde."*
Plötzlich ist es aus mit den ganzen Plänen und Hoffnungen. Umsonst ihr Einsatz für die Menschen, ihre
Energie für Gott und ihr Verzicht auf vieles andere um
Jesu willen. Er scheint auch nicht besser als die anderen Menschen und Propheten dieser Welt zu sein. Obwohl Jesus bis zuletzt mit ganzer Kraft geliebt und sich
für andere eingesetzt hat, besonders für die Armen und
Kranken, obwohl er die Frohe Botschaft vom neuen
Reich Gottes verkündigte und so viele Anhänger um
sich sammelte, sind offenbar Verrat, Gewalt und Macht-
missbrauch stärker als die göttliche Liebe. Alles, was
so wunderbar war und sie erfüllte, ist nun aus. Ihr
Traum – wie eine Seifenblase zerplatzt.
Scheinbar gibt es nichts und niemand, der einen Menschen ganz erfüllen kann. Alles auf eine Karte gesetzt –
und verloren!

Der Sehnsucht des Menschen können herbe Enttäuschungen folgen. Je wichtiger mir etwas ist, je mehr Hoffnungen ich in jemand setze, je mehr ich „investiere", desto größer der Verlust und der Frust beim Scheitern. Die Gefahr der Resignation bis hin zur Verbitterung und Depression kann sich breitmachen. Das Leben, die Menschen, Gott – alles wird dann nur noch negativ gesehen.

Manche ziehen daraus die Folgerung: Lieber nicht mehr so viel oder überhaupt nicht mehr den Bedürfnissen und Wünschen des Herzens trauen, als noch einmal so enttäuscht zu werden! Und sie legen sich einen „Schutzpanzer" um, der alles auf Abstand hält, damit der Verlust nicht mehr so weh tut.

Zweifel kommen auf: War das alles richtig, was ich gemacht, wofür ich mich entschieden habe? Bin ich zu weit gegangen? Hätte ich meiner Sehnsucht doch nicht trauen sollen?

Habe ich schon einmal eine
schwerwiegende Entscheidung bereut?

Wo sind bei mir Enttäuschungen und Verletzungen?
Wie gehe ich damit um:
Finde ich Versöhnung mit mir und anderen
oder lassen sie mich verbittern?

Traue ich mir neue Schritte zu
oder ziehe ich mich zurück?

Gestehe ich mir „Scheitern" zu?

Habe ich mir in manchen Bereichen
einen Schutzpanzer angelegt?

Gott, es bleibt nicht aus, dass glückliche Momente
und Hochphasen im Leben abrupt zu Ende gehen.

Es wird mir nicht erspart bleiben,
dass mich Menschen und Ereignisse,
auf die ich meine ganze Hoffnung gesetzt habe,
enttäuschen.

Gott, ich bitte dich gar nicht darum,
dass du mich davor bewahrst.
Aber lass mich mit dir rechnen dürfen,
der du selbst die größten Niederlagen des Lebens
durchlitten hast.

Geflüchtet

Das war's dann! Aus und vorbei. Nichts wie weg!
Drei Tage nach der Katastrophe der Kreuzigung sehen
die beiden keine Wandlung ihrer negativen Situation.
Sie waren die letzten Tage mit den anderen Jüngern zu-
sammen, haben wohl endlos die Gedanken ausgetauscht, immer wieder die gleichen Fragen gewälzt,
aber es hat nichts gebracht. Jetzt laufen sie fort, weg
von ihrer Gemeinschaft in Jerusalem. Weg vom Ort der
Enttäuschung und Verletzung: Jerusalem, die Stadt
ihrer Träume, wurde zum Alptraum.
Der Weg nach Emmaus gleicht einer Abreise aus ihrer
bisherigen Lebensgeschichte, die sich als Sackgasse er-
wiesen hat. Es ist eine Wegetappe der Trauer und des
Schmerzes, vielleicht auch der Wut über ihre „Naivität",
mit der sie sich auf das Abenteuer mit Jesus und mit
den anderen Jüngern eingelassen haben.
Es muss irgendwie weitergehen – aber wie?
Manche vermuten, dass Emmaus der Heimatort von
einem der beiden Jünger ist oder dass beide aus frühe-
ren Aufenthalten dort bekannt waren. Ihr Aufbruch
wäre dementsprechend wie eine Flucht zurück ins
„Nest", zurück an einen Ort, den sie eigentlich hinter
sich lassen wollten.
Wie gut, dass sie erst gegen Abend ankommen, wenn
nicht mehr viele Leute auf der Straße sind. Der Spott
und die Schadenfreude der anderen, die zurück im
sicheren Ort geblieben und nicht das Wagnis der beiden eingegangen sind, wird nicht lange auf sich warten
lassen ...

Auch bei uns gibt es Ereignisse und Situationen, die wir wie die Emmausjünger „zum Davonlaufen" finden in unserem Leben, in unserer Kirche und in unserer Welt. Hoffnung und Enttäuschung, Erfolg und Scheitern, Freude und Trauer, Aufbruch und Abschied bestimmen unseren Lebenslauf. Manche fühlen sich in ihrem Elend wie abgeschnitten von ihrer Lebendigkeit, von der Kraft Gottes und der Gemeinschaft der anderen. Vorbei das Glück und die Freude der vergangenen Tage. Eine tragfähige Perspektive, eine positive Wandlung der Situation ist nicht in Sicht. Und wenn dann noch Kommentare dazukommen wie: „Siehst du, ich hab's dir gleich gesagt – lass die Finger davon!", oder: „So geht's, wenn man sich auf so etwas einlässt!", dann erscheint alles nur noch mehr in einem negativen Licht und der Schmerz wird größer.

Es gibt die Reaktion der Regression: ein Zurückgehen zu etwas Früherem, über das ich eigentlich schon hinaus bin. Eine gewisse Zeit kann das Halt und Sicherheit geben.

Jedoch: Eine Flucht in Altbekanntes – trägt das auf Dauer und bringt es mich wirklich weiter?

Wo laufe ich vor etwas davon?

Wie reagiere ich auf Hiobsbotschaften
oder persönliche Niederlagen?
Welche Personen, Orte oder Situationen verbinde ich
mit meinen Enttäuschungen und Verletzungen?
Stelle ich mich den Problemen?

Falle ich immer wieder in die gleichen Reaktionsmuster,
wenn ich vor einer Schwierigkeit stehe?
Schade ich mir oder anderen damit?

Fürchte ich die Schadenfreude oder den Spott
anderer, wenn mir etwas schiefgeht?
Mache ich mich abhängig von ihrer Sicht der Dinge?

Sehe ich in persönlichen oder fremden Misserfolgen
eine „Strafe" Gottes?

Möchte ich manchmal vor Gott davonlaufen?

Wie reagiere ich auf das Scheitern anderer?

GEBET

Gott, gelegentlich möchte ich nur noch fort.
Ich will raus aus meiner Haut.
Ich schäme mich für mein Leben.
Ich bin enttäuscht von der Welt und von mir selbst.

Gott, auch wenn ich vor dir flüchte,
verlass mich nicht.
Auch wenn ich dir Vorwürfe mache,
sieh auf meine Ohnmacht und Planlosigkeit.
Warte auf mich.
Ich brauch noch ein bisschen Zeit,
bis die Sehnsucht nach dir neu wächst.

Miteinander besprochen

Die Jünger haben in der Nachfolge Jesu etwas einge-
übt, das sie auch in Krisenzeiten nicht verlieren. Sie
haben etwas nicht vergessen, was das Wesen jedes
Christen und der Kirche insgesamt ausmacht, auch
wenn es nicht immer so sichtbar ist: [14] *Sie sprachen miteinander über all das, was sich ereignet hatte.* Die beiden sind keine Individualisten und Einzelkämpfer, sie
sind miteinander unterwegs und sie reden über das,
was vorgefallen ist.

In guten Zeiten haben sie mit Jesus Großartiges erlebt
und sie haben die Freude mit den anderen Jüngern ge-
teilt.

Jetzt teilen sie miteinander auch das Leid und den
Schmerz.

Die Jünger verdrängen und überspielen nicht das Un-
angenehme und Dunkle. Sie haben den Mut, es gemeinsam anzuschauen, es nochmals durchzugehen
und sich auszusprechen.

Was ich ins Wort gefasst habe, ist zumindest mal „draußen". Sprache schafft Wirklichkeit, bewirkt und verändert etwas.

Umgekehrt: Wenn man etwas in sich „hineinfrisst", kann nichts weitergehen. Bei sich selbst behaltene Trauer, Wut und Enttäuschung machen bitter und einsam. Wer ständig flüchtet vor seiner Lebenswahrheit, wer alles verdrängt und in sich hineinfrisst, wird krank und kränkt oft auch andere. Wenn ich mich mit niemandem ausspreche, ist die Gefahr groß, dass sich mein Denken verselbständigt und ich nur noch um mich selbst kreise. Ich kann mich dann in etwas hineinsteigern oder eine Phantasie entwickeln, die überhaupt nicht mehr dem Anlass und der Wirklichkeit entspricht.

Es tut gut, nicht allein unterwegs zu sein und mindestens einen Menschen zu haben, mit dem ich über alles reden kann. Es ist ein Geschenk, gute Freundinnen und Freunde zu haben, die zu mir stehen in guten wie in schlechten Zeiten.

Ein altes Sprichwort sagt: „Echte Freunde lernt man wie gute Steuermänner erst im Sturm kennen." Es ist eine wichtige Aufgabe, für andere solch ein Freund und Wegbegleiter zu sein.

Was will in meinem Leben ausgesprochen,
ins Wort gefasst werden?

Welche dunklen Seiten wollen ans Licht?

Was verschweige und unterdrücke ich,
woran verbittere ich, was macht mich krank?

Gibt es etwas, das ich mich noch nie
vor jemand anderem auszusprechen getraut habe?

Wo bringe ich andere zum Schweigen?

Wo verweigere ich mich einem klärenden Gespräch?

Wo schüre ich Konflikte?

Wo bin ich kein Brückenbauer, sondern unversöhnlich?

Habe ich verlässliche Freunde?

Bin ich anderen ein guter Wegbegleiter?

Gott, ich staune,
welch großartige Gabe du uns gegeben hast,
indem du uns denken und sprechen gelehrt hast.

Darum erschüttert es mich umso mehr,
wie schwer es mir und anderen oftmals fällt,
unsere Bedürfnisse in Worte zu fassen.

Gott, lass mich suchen nach der heilenden Nähe
eines Zuhörers und Freundes.
Gib mir selbst Offenheit und Geduld,
anderen ein guter Wegbegleiter zu sein.

Unerkannt dabei

Es ist gut, dass die Jünger nicht alleine unterwegs sind, sondern miteinander reden und sich aussprechen. Sie haben sich zu zweit nochmals ihre Gedanken gemacht und ausgetauscht.

Jetzt ist jedoch alles gesagt und sie beginnen sich im Kreis zu drehen, ohne eine Lösung zu finden. Eine Wandlung zum Positiven ist nicht in ihrer Sichtweite. Mitten in der Bedrängnis haben sie den Überblick verloren und sind wie blind für eine neue Perspektive. Es ist gut, aber es reicht nicht aus, dass sie nur miteinander reden. Der Schmerz und die Trauer können so lähmend sein, dass selbst der Austausch mit Gleichgesinnten noch nicht entscheidend weiterführt. Menschliche Freunde und Weggefährten können so in eine Sache involviert sein, dass sie auch gemeinsam keine Lösung finden und immer innerhalb desselben „Systems" und Horizontes kreisen.

Doch Gott befreit aus scheinbar ausweglosen Situationen. Er geht jedem Menschen nach und lässt bei denen, die ihn lieben, nicht locker. In all dem Miteinander-unterwegs-Sein, in allem Reden, Ringen und Zweifeln, in aller Blindheit für die Lebenszusammenhänge kommt Jesus als „Fremder" unerkannt in ihre Mitte: [15] *Während sie redeten und ihre Gedanken austauschten, kam Jesus hinzu und ging mit ihnen.* [16] *Doch sie waren wie mit Blindheit geschlagen, so dass sie ihn nicht erkannten.*

Der, an dem sie ihr Leben festgemacht haben, lässt sie auch in der größten Krise nicht im Stich.

Jesus ergreift hier die Initiative zu der Begegnung: [17] *Er fragte sie: „Was sind das für Dinge, über die ihr auf eurem Weg miteinander redet?"*

Er teilt ihr Schicksal.

Er lässt sie erzählen und ausreden.

Er wandelt dabei fast unmerklich ihre Situation zum Guten.

Unterwegs berichten die Jünger ein aufregendes Detail ihres morgendlichen Tagesablaufs. Die Auferstehung und das neue Leben sind schon durchgeblitzt, ohne dass sie es glauben und einordnen konnten: [22] *„... einige Frauen aus unserem Kreis haben uns in große Aufregung versetzt. Sie waren in der Frühe beim Grab,* [23] *fanden aber seinen Leichnam nicht. Als sie zurückkamen, erzählten sie, es seien ihnen Engel erschienen und hätten gesagt, er lebe.* [24] *Einige von uns gingen dann zum Grab und fanden alles so, wie die Frauen gesagt hatten; ihn selbst aber sahen sie nicht."*

War das nur frommes Wunschdenken und „Frauengeschwätz", wie es einige Zeilen vorher heißt: *Doch die Apostel hielten das alles für Geschwätz und glaubten ihnen nicht* (Lukasevangelium 24,11)?

Die Jünger hören zwar den Bericht der Frauen, können es aber noch nicht glauben.

Sie brauchen jemand „von außen", der sie aus ihrer Isolation herausholt und den Teufelskreis der Trauer und des Schmerzes durchbricht. Die beiden benötigen jemand, der ihnen eine neue Sichtweise schenkt und sie weiterführt. Sie sind zwar auf dem Weg, aber sie brauchen den göttlichen Weggefährten, der sie auf die richtige Spur führt: *25 Da sagte er zu ihnen: „Begreift ihr denn nicht? Wie schwer fällt es euch, alles zu glauben, was die Propheten gesagt haben. 26 Musste nicht der Messias all das erleiden, um so in seine Herrlichkeit zu gelangen?" 27 Und er legte ihnen dar, ausgehend von Mose und allen Propheten, was in der gesamten Schrift über ihn geschrieben steht.*

Jesus hilft den beiden Jüngern, die den Überblick verloren haben, ihr Leben nochmals durchzugehen, und vieles erscheint ihnen dabei in einem neuen Licht. Er zeigt ihnen die Zusammenhänge auf und weitet ihren Blickwinkel. Das Schicksal Jesu, sein Leben, sein Sterben und seine (von ihnen noch nicht erkannte) Auferstehung sind nicht vergebens, sondern Teil des göttlichen Heilsplanes. Er legt ihnen die Heilige Schrift, die Heilsgeschichte, heilend in ihr Leben hinein aus. Und er fragt: „Musste nicht vieles so passieren?"

Jesus weitet ihre Perspektive – und da beginnt ihr Herz wieder neu aufzuleben und zu brennen.

Manchmal blitzt in unserem Leben etwas durch, das wir erst später richtig erkennen. Manchmal sagen uns andere etwas Wichtiges, doch wir sind im Moment wie blind dafür und können es so noch nicht annehmen. Wir ahnen etwas, ohne dass wir es zu hoffen wagen.

Oft sehen wir erst im Rückblick den Sinn von etwas – und erkennen, dass auch Schwierigkeiten uns weitergebracht haben. Nicht nur das, was wir erleben, macht unser Leben aus, sondern auch die Art und Weise, wie wir das Erlebte verarbeiten. Wenn wir gefangen sind in unserer Isolation und uns eingerichtet haben in unserer Trauer, brauchen wir Hilfe von außen. Die Frage ist, ob wir sie wie die Emmausjünger wahrnehmen und annehmen können.

Jeder Mensch braucht in seinem Leben andere Menschen, die ihm nahe sind, Freunde etwa und Familie. Manchmal können es auch „fremde" Menschen sein, die uns etwas Wichtiges zu sagen und mitzugeben haben für unseren Lebensweg. Wir brauchen in unserem Leben auch gute Begleiter auf unserem Glaubensweg. Viele schöpfen aus Gesprächen mit Freunden oder aus einer regelmäßigen geistlichen Begleitung Kraft für ihren Lebens- und Glaubensweg. Eine solche Weggefährtenschaft mit Gott und den Menschen lässt das Herz neu brennen und wirkt sich heilend auf unsere Lebensgeschichte aus. Sie holt heraus aus Isolation und Blindheit und zeigt neue Perspektiven auf.

Schenke ich nur dem Glauben,
was für mich überprüfbar und beweisbar ist?
Lasse ich mich auf Überraschungen ein?
Sehe ich auch die Wirklichkeit, die sich hinter
den Dingen und Ereignissen verbirgt?

Bin ich bereit, mir unbekannte Zusammenhänge
und Perspektiven anzuschauen?

Wie verarbeite ich Erlebnisse?

Bin ich offen für die Hilfe anderer und höre ich auf die
Erzählungen und Ratschläge meiner Mitmenschen?
Kann ich ihnen etwas abgewinnen, selbst wenn sie
sich abstrus oder gar „zu fromm" anhören?

Habe ich gute Begleiter
auf meinem Glaubensweg gefunden?

Rechne ich mit Gottes Begleitung
auf *allen* meinen Wegen?

Haben mir andere Menschen schon einmal
sehr persönliche Sorgen anvertraut?
Konnte ich ihnen weiterhelfen?

Gott, in hilflosen Momenten kann ich oft
nicht glauben, dass jemand für mich da ist.
Ich nehme es nicht wahr, dass Menschen
Anteil nehmen an mir und meinem Schicksal.

Vor allem dich übersehe ich allzu leicht –
und doch bist du da.
Das ist manchmal ganz schön schwer zu begreifen.

Gott, mach mich offen für jede kleine Unterstützung,
für ein Daumendrücken oder das stille Gebet
eines Freundes.

Und enttäusche nicht
mein versuchtes Vertrauen in dich.
Wie schön ist es, wenn du bei mir bist.
Ich möchte mit dir rechnen
und mit deiner Geduld und deiner großartigen Gabe,
immer ein offenes Ohr zu haben.

Eingeladen

In Emmaus angelangt tut Jesus so, als wolle er weitergehen. Er drängt sich den beiden nicht auf, sondern respektiert ihre Freiheit.

Die Jünger überlassen sich jedoch nicht einfach passiv ihrem weiteren Schicksal. Sie werden von sich aus initiativ und sie bedrängen ihn sogar. Er, der Licht in ihre persönliche Dunkelheit gebracht hat, soll angesichts der hereinbrechenden Nacht bei ihnen bleiben: [28] *So erreichten sie das Dorf, zu dem sie unterwegs waren. Jesus tat, als wolle er weitergehen,* [29] *aber sie drängten ihn und sagten: „Bleib doch bei uns; denn es wird bald Abend, der Tag hat sich schon geneigt."*

Der zunächst unbekannte Fremde ist ihnen jetzt nicht mehr fremd. Ihre Situation hat sich während der ganzen Zeit ihres Unterwegs-Seins mit diesem göttlichen Begleiter gewandelt. Sie haben im Hören und Erzählen Vertrauen zu ihm gefasst und merken, dass diese „Hilfe von außen" sie innerlich zutiefst berührt und versteht. Darum wollen sie mehr von diesem Weggefährten und sie haben den Mut, ihn inständig darum zu bitten. Sie bieten ihm die Unterkunft nicht nur aus Anstand oder Höflichkeit an. Auf seine Nähe wollen sie gerade jetzt nicht verzichten.

Und Jesus lässt sich auf ihre Bitten ein: Er geht an dieser Stelle nicht einfach weiter und er überhört nicht das leidenschaftliche Drängen. Er überlässt die beiden nicht der Nacht und nicht ihrem Schicksal: [29] *... Da ging er mit hinein, um bei ihnen zu bleiben.*

Ohne dass es ihnen schon bewusst ist, erfahren die beiden Emmausjünger die Zusage Jesu, dass Gott die Bitten der Menschen hört und dass Jesus da ist, wenn sie sich in seinem Namen versammeln: *„Alles, was zwei von euch auf Erden gemeinsam erbitten, werden sie von meinem himmlischen Vater erhalten. Denn wo zwei oder drei in meinem Namen versammelt sind, da bin ich mitten unter ihnen"* (Matthäusevangelium 18,19f.).

Gott kennt die Sehnsucht und er hört die Bitten der Menschen, er lässt sich sogar bedrängen! Wir sind nicht einfach passiv unserem Schicksal ausgeliefert und brauchen uns wie die Emmausjünger nicht in Trauer und Selbstmitleid einzuigeln. Wir können aktiv werden in unseren Anliegen und sie ihm sagen und immer wieder ans Herz legen:

„Bittet, dann wird euch gegeben; sucht, dann werdet ihr finden; klopft an, dann wird euch geöffnet. Denn wer bittet, der empfängt; wer sucht, der findet; und wer anklopft, dem wird geöffnet" (Lukasevangelium 11,9f.).

Die Psalmen der Bibel sind voll von bedrängenden Bitten, dass sich Gott dem Beter zeige und dass er helfe. Diese Hilfe kann auch durch Menschen kommen. Andere Menschen können für uns Boten Gottes sein, die uns etwas Wichtiges zu sagen haben.

Erwarte ich mir etwas von Gott?

Rechne ich mit seiner Hilfe?

Spreche ich ihn an, rufe ich zu ihm oder flehe ich ihn an?

Kann ich ihm meine Anliegen immer wieder offen sagen?
Oder bin ich schon so ernüchtert oder enttäuscht von
ihm, dass ich mir gar nichts mehr von ihm verspreche?

Kann ich Gott auch bedrängen,
bei mir zu sein oder zu bleiben?

Entdecke ich seine Nähe in Menschen, die mir
etwas Wichtiges für mein Leben zu sagen haben?

Gott, wie oft schon habe ich einen Wunsch
nicht so erfüllt bekommen, wie ich es gern gehabt hätte.
Weder meine Eltern noch meine Freunde konnten mir
immer das bieten, was ich mir gewünscht habe.
Noch viel schwerer ist es manchmal bei dir.
Obwohl du uns aufgefordert hast, um alles zu bitten,
erfüllst du meine Sehnsüchte nicht einfach
nach meinem Willen.

Gott, lass mich begreifen, dass du über allem stehst
und am besten weißt, was gut für mich ist.
Ich möchte weiterhin meine Hoffnung auf dich setzen.

Verwandelt

Der unerkannte Wegbegleiter hat unterwegs Schritt für Schritt das hilflose Um-sich-selbst-Kreisen der beiden Jünger aufgebrochen. Mit „Herzklopfen" haben sie dabei seine Worte und die neue Perspektive wahrgenommen.

Doch die letzte Gewissheit, dass Jesus auferstanden ist, zeigt sich nun nicht mehr im Reden, Erklären und Diskutieren. Die entscheidende Erkenntnis ereignet sich in einem Ritual, das den Jüngern von früher her vertraut ist und in dem es ihnen plötzlich wie Schuppen von den Augen fällt: [30] *Und als er mit ihnen bei Tisch war, nahm er das Brot, sprach den Lobpreis, brach das Brot und gab es ihnen.* [31] *Da gingen ihnen die Augen auf, und sie erkannten ihn …*

Sie erkennen ihren göttlichen Freund wieder am Zeichen des Brotbrechens, und mit einem Ma(h)l wird ihnen deutlich: Jesus, auf den die beiden ihre ganze Sehnsucht und Hoffnung gesetzt haben, ist wirklich auferstanden und mitten unter ihnen.

Der, durch den sich ihr Leben einst grundlegend verändert hatte, lebt! Er hat sie in ihrer Trauer und in ihrem Schmerz nicht alleingelassen und war die ganze Zeit unerkannt mit dabei. Jetzt fügen sich die scheinbar sinnlosen Bruchteile zu einem sinnvollen Ganzen.

Doch er ist nicht festzuhalten. Nachdem er sich ihnen beim Brotbrechen offenbart hat, geht er weiter:

[31] *... dann sahen sie ihn nicht mehr.* Rückblickend erkennen sie nun die Wandlung ihrer Situation auf dem Weg: [32] *Und sie sagten zueinander: „Brannte uns nicht das Herz in der Brust, als er unterwegs mit uns redete und uns den Sinn der Schrift erschloss?"*

Der ganze Weg miteinander und mit ihm hat sich gelohnt. Es ist eine „Wandlungsgeschichte", die sich ihnen jetzt offen zeigt und bewusst wird.

Das Mahl Jesu mit den Emmausjüngern knüpft zunächst an ganz menschliche Erfahrungen an. In vielen Kulturen ist das gemeinsame Essen Zeichen einer engen Verbundenheit, das den Zusammenhalt stärkt und die gegenseitige Vertrautheit fördert. Schon bei den orientalischen Nomadenvölkern existierte eine ausgeprägte Gastfreundschaft. Sie bewirkte eine positive Wandlung des Lebens: Durch die Mahlgemeinschaft verloren die Schrecken einer unsicheren Umwelt und die Angst vor fremden Menschen ihre Macht. Der Einzelne war in einer oft lebensbedrohlichen Umgebung nicht mehr allein. Aus Fremden, die sich bisweilen feindlich gesinnt und Konkurrenten waren, wurden Freunde und Vertraute.

Eine solche Mahlgemeinschaft ist bis heute im Orient eine der tiefsten Formen der Freundschaft und Zusammengehörigkeit. Mahlgemeinschaft heißt Lebensgemeinschaft. Es bedeutet, das Leben wie das Brot zu teilen in allen Höhen und Tiefen und miteinander durch dick und dünn zu gehen.

Um wie viel intensiver mag jene Mahlfeier mit dem göttlichen Wegbegleiter sein! Seine „Freundschaftszeichen" haben verwandelnde Kraft und lassen seine Nähe auch in dunkelsten Stunden erfahren.

Die Begegnung mit ihm verdichtet sich in der Feier der Eucharistie. In ihr ist der gesamte „Emmausweg" enthalten: die um Christus versammelten Weggefährten, die Deutung ihres Lebens durch das Wort Gottes und das Brotbrechen und Teilen. In der Feier des Mahles Jesu erhält das Leben mit seinen Bedrohlichkeiten, Unsicherheiten und Verzweiflungen eine neue Qualität und eine positive Ausrichtung. In der Eucharistiefeier geschieht eine wunderbare Wandlung von Brot und Wein in die Person Jesus Christus und zugleich eine Verwandlung der Menschen, die tiefer mit Gott und miteinander verbunden werden. Jesus schenkt sich mit seiner ganzen heilenden Gegenwart, verbindet die Glaubenden zu einer Gemeinschaft und gibt Kraft zum Weitergehen.

Bleibe ich bei Problemen
im Klagen und Reklamieren stehen
oder finde ich heilsame Formen oder Rituale,
durch die sich etwas lösen kann?

Weiß ich um die verändernde Kraft von Freundschaften?

Gibt es Freundschaftszeichen, die mir wichtig sind?

Welche Bedeutung hat für mich
die gottesdienstliche Feier?
Erfahre ich durch die Teilnahme am Gottesdienst
eine Wandlung meines Lebens?
Erlebe ich, dass Versöhnung und Freude
dabei von mir Besitz ergreifen?

Gott, ich staune über deine Möglichkeiten.
Du schaffst es, Menschen zu verändern
und zu verwandeln.

Leider geht die Begegnung mit dir
manchmal spurlos an mir vorüber.
Ich bin bei dir
und doch in meinen Gedanken gefangen.
Ich suche Halt und strecke meine Hand
nicht wirklich nach dir aus.

Gott, hör nicht auf,
mein Leben mitzugestalten und mich zu führen,
ganz gleich, ob es durch Menschen geschieht,
zu denen ich Kontakt habe
und mit denen ich vielleicht gar mein Brot teile,
oder ob ich dich unmittelbar erahnen kann
im stillen Gebet oder in den Gottesdiensten
deiner Gemeinde.

Zurückgekehrt

Schweren Herzens waren die beiden aus Jerusalem nach Emmaus aufgebrochen. Dunkle und lähmende Erfahrungen wurden ausgetauscht, bis der göttliche Begleiter nach und nach Licht in ihr Leben brachte und beim Brechen des Brotes eindeutig erkannt wurde.

Was sie nicht im Entferntesten zu träumen wagten, ist Wirklichkeit geworden. Ihnen ist etwas widerfahren, das sie nicht für sich behalten können. In dieser gewandelten Situation machen sie sich sofort mit neuer Begeisterung auf den Rückweg zur Gemeinschaft:

[33] *Noch in derselben Stunde brachen sie auf und kehrten nach Jerusalem zurück ...*

Das Erlebte ist so großartig, dass es keinen Aufschub bis zum nächsten Tag duldet. Nichts hält sie mehr vor Ort. Emmaus ist keine Endstation. Die Beziehung zu Jesus und ihre gemeinsame Geschichte geht weiter – anders und besser als gedacht. Was als Flucht und Regression in Altbekanntes erschien, erweist sich als entscheidende Stärkung zum Weitergehen in die Weite des vor ihnen liegenden Lebens.

Die Umkehr ist rein äußerlich gesehen beschwerlich: Sie bedeutet einen langen und auch gefährlichen Rückweg durch die Nacht, die inzwischen hereingebrochen ist. Doch die äußere Dunkelheit und Gefahr schreckt die beiden Jünger, die innerlich durch die Begegnung mit dem Auferstandenen gestärkt sind, nicht mehr ab.

Wenn Gott mir wie den Emmausjüngern begegnet und mich verwandelt, kann ich meinen Weg in neuer Weise weitergehen. Diesem „brennenden Herzen" ist kein Weg zu weit. Es lässt sich nicht bestimmen von der Angst, von den drohenden Nächten und von den Abgründen des Lebens. Enttäuschung und Trauer, Wut und Versagen haben nicht das letzte Wort.

Wer Gott erkannt und erfahren hat, bekommt eine innere Kraft und Begeisterung, die den Teufelskreis der Resignation besiegt und aus alten Gleisen und eingefahrenen Mustern ausbrechen lässt. Das innere Licht ist stärker als jede äußere Dunkelheit. Gottes Wirken befreit aus lähmender Enge. Es führt unser Leben in eine neue Weite und verwandelt die bedrückenden Dunkelheiten, wie es ein betender Mensch in Psalm 18 aus eigener Erfahrung eindrücklich formuliert: [5] *„Mich umfingen die Fesseln des Todes, mich erschreckten die Fluten des Verderbens ...* [7] *In meiner Not rief ich zum Herrn und schrie zu meinem Gott ...* [17] *Er griff aus der Höhe herab und fasste mich, zog mich heraus aus gewaltigen Wassern ...* [20] *Er führte mich hinaus ins Weite, er befreite mich, denn er hatte an mir Gefallen ...* [29] *Du, Herr, lässt meine Leuchte erstrahlen, mein Gott macht meine Finsternis hell ...* [30] *Mit dir erstürme ich Wälle, mit meinem Gott überspringe ich Mauern."*

Wer Gott vertraut, wird wie die Emmausjünger neu beflügelt und bekommt Kraft zum Weitergehen: *„Er gibt dem Müden Kraft, dem Kraftlosen verleiht er große Stärke. Die Jungen werden müde und matt, junge Männer stolpern und stürzen. Die aber, die dem Herrn vertrauen, schöpfen neue Kraft, sie bekommen Flügel wie Adler. Sie laufen und werden nicht müde, sie gehen und werden nicht matt"* (Jesaja 40,29–31).

Lasse ich mich von Gott überraschen?

Bin ich offen für eine neue Begeisterung?

Lasse ich es zu, meine Meinung
über eine Angelegenheit zu ändern?

Bleibe ich ängstlich in alten Dingen stecken
oder habe ich den Mut, umzukehren?

Kann ich mich trotz Enttäuschungen
neu auf den Weg machen und mich
von meiner Begeisterung „beflügeln" lassen?

Fürchte ich mich vor einem schweren Weg,
obwohl er weiterführt?

Traue ich dem Licht in meinem Leben
mehr als den Dunkelheiten?

Für wen oder was „brennt" mein Herz?

Lasse ich mir von Gott mein Herz weiten?

Gibt es Dinge, die ich anderen sofort mitteilen muss?

Gibt es Aufgaben für mich, die keinen Aufschub dulden?
Finde ich die Kraft, sie in die Tat umzusetzen?
Was oder wer kann mich dazu motivieren?

Was verleiht mir ungeahnte Kräfte?

Gott, bei dir bin ich vor Überraschungen nie sicher.

Gelegentlich bringst du mich zum Staunen
über so manch unerwartete Wendepunkte zum Guten.

Trotz aller Begeisterung gebe ich es unumwunden zu:
Manchmal habe ich Angst vor den Konsequenzen,
wenn du in mein Leben trittst und neue Wege zeigst.
Vor manchen Aufgaben drücke ich mich.
Manche Situationen drängen mich eher in die Flucht,
als dass sie mich mit Vertrauen weitergehen lassen.

Gott, heute bitte ich dich darum,
mir die Angst davor zu nehmen
und mir Wege aufzuzeigen, wie ich
den Schwierigkeiten ins Auge schauen kann.

Und dann hilf mir bitte, dass ich mich
schleunigst auf den Weg mache
und erkenne, was dringend getan werden muss
und wie ich es schaffe.

Bezeugt

Die Situation der beiden Jünger hat sich grundlegend gewandelt und sie beginnen deshalb einen weiten Rückweg zur Gemeinschaft mit den anderen Jüngern Jesu. Es drängt sie, das Erlebte zu erzählen und die anderen teilhaben zu lassen an ihrer Erfahrung des mitgehenden Gottes und am Wunder der Wandlung.

Eigentlich müssten die beiden nach ihrer Ankunft in Jerusalem sofort losprudeln und voll Überschwang all das erzählen, was sie mit Jesus erlebt haben. Sie hören jedoch zuerst auf die Frohe Botschaft, die die Gemeinschaft der „Urkirche" ihnen sagt. Die Apostel und die anderen Jünger haben nämlich ähnliche Erfahrungen gemacht und sind ebenso neu begeistert: [33] *... sie fanden die Elf und die anderen Jünger versammelt.* [34] *Diese sagten: „Der Herr ist wirklich auferstanden und ist dem Simon erschienen."*

Danach berichten die beiden Emmausjünger von ihrer persönlichen Ostererfahrung: [35] *Da erzählten auch sie, was sie unterwegs erlebt und wie sie ihn erkannt hatten, als er das Brot brach.* Auch ihre Erlebnisse sind weder weltfremde Wunschträume noch leere Schwärmereien. Die beiden können an die Frohe Botschaft der anderen anknüpfen und mit ihnen die Freude teilen. Sie sind bereit, auf das Zeugnis der Glaubensgemeinschaft zu hören und dann ihre eigenen Erfahrungen den anderen mitzuteilen.

Es wäre schade, wenn ein Mensch Erfahrungen mit Gott gemacht hätte und sie für sich behielte. Wer Gott erlebt hat, kann es eigentlich nicht für sich behalten, sondern will andere am Wunder der Wandlung und am Erlebnis des mitgehenden Gottes teilhaben lassen. Glauben geht weder allein als „Eigenbrötler" noch als sich abkapselnde „Sekte" mit exklusiven Privatoffenbarungen, sondern nur in Weggefährtenschaft mit anderen Glaubenden.

Wie die Emmausjünger dürfen wir in der Gemeinschaft der Kirche die Taten Gottes hören und feiern, eigene Erfahrungen machen und sie anderen weiterschenken. Gott nimmt jeden und jede auf je eigene Weise in den Dienst seiner Frohen Botschaft. Durch uns sollen andere Menschen Gottes heilende Nähe kennen und lieben lernen.

Kann ich mich zurückhalten und zuhören,
wenn andere mir etwas sagen wollen?

Habe ich den Mut, meine Glaubensüberzeugung
in meiner Familie, bei meinen Freunden und
Arbeitskollegen zu bekunden,
oder halte ich mit meinem Glauben hinter dem Berg?

Engagiere ich mich für die Frohe Botschaft Gottes
zum Heil der Menschen?

Wie trage ich dazu bei,
dass in meinem persönlichen Umfeld
und in der Kirche der Dialog gefördert wird?
Begnüge ich mich mit einseitiger Berieselung
oder gar mit Schweigen?

Kann ich mich über die Gotteserfahrungen
anderer freuen?

GEBET

Gott, es ist ein Kunststück,
den rechten Moment zu finden,
in dem ich schweige und höre,
und zu erkennen,
wann mein Reden und Zeugnis gefragt sind.

Hilf mir dabei, das rechte Maß zu finden,
niemandem meine Überzeugungen überzustülpen,
aber meine positiven Lebenserfahrungen
denen mitzuteilen,
die ich damit aufbauen kann.

Miteinander weitergehen

Wer sich heute auf die Suche nach dem historischen Dorf Emmaus macht, wird mehrere Orte im Heiligen Land finden, an denen das Geschehen von damals lokalisiert wird. Die Unsicherheit, wo genau das geographische Emmaus liegt, hat wohl eine tiefere Bedeutung für uns:

Emmaus ist bis heute überall da, wo Menschen den Mut haben, ihrer persönlichen Berufung zu folgen. Wo sie miteinander unterwegs sind und ihr Leben teilen, beginnt das Herz zu brennen, wenn dabei der göttliche Weggefährte zu Wort kommt und die Heilsgeschichte Gottes mit dem eigenen Leben verbindet.

Emmaus ist überall da, wo Menschen sich in der Feier des Gottesdienstes von Gott mit seinem guten Wort und mit dem Brot des Lebens beschenken lassen. Was den beiden Jüngern und der ersten Christengemeinde Kraft und Bestand gegeben hat, gilt bis heute: *Sie hielten an der Lehre der Apostel fest und an der Gemeinschaft, am Brechen des Brotes und an den Gebeten* (Apostelgeschichte 2,42).

Emmaus ist überall da, wo sich Menschen von Gott begeistern und verwandeln lassen, wo sie wie die beiden Jünger ihren Weg weitergehen und anderen die Frohe Botschaft von Tod und Auferstehung Jesu mitteilen.

Ganz erfassen und begreifen können wir das genauso wenig wie die Emmausjünger, die den Auferstandenen nicht festhalten konnten und mit neuer Begeisterung weitergingen.

Der Tod und die Auferstehung Jesu bleiben ein „Geheimnis des Glaubens", wie es in jeder Eucharistiefeier genannt wird. Geheimnisse sind für viele „modern" denkende Menschen heute nur noch dazu da, gelüftet zu werden. Das unergründliche Geheimnis Gottes mit seiner verwandelnden Kraft ist jedoch ein Geheimnis im ursprünglichen Sinn des Wortes: Im Wort Ge-*heim*nis steckt die Bezeichnung „Heim". Im Geheimnis Gottes ist all das zu finden, was uns Heimat, Sinn und Geborgenheit gibt. Ich brauche dieses Geheimnis gar nicht aufzulösen, sondern kann mich immer weiter darin hineinbegeben und ständig Neues, Überraschendes und Unerwartetes entdecken. Ich muss mich mit dem momentan Bestehenden nicht einfach abfinden und kann weiter gehen als das, was nur vordergründig zu sehen ist.

Wer in Gott seine Heimat gefunden hat, ist nie „fertig", sondern ein Leben lang unterwegs wie die beiden Emmausjünger – mit brennendem Herzen und mit Weggefährten, die in den Höhen und Tiefen des Lebens miteinander weitergehen, bis ihr Leben schließlich endgültig verwandelt wird.

PERSÖNLICHES NACHWORT

Als wir dieses Buch begonnen haben, war uns nicht bewusst, dass sich kurz nach Fertigstellung des Manuskriptes etwas Einschneidendes ereignen würde. Wie die beiden Jünger waren wir freundschaftlich in vielen Höhen und Tiefen gemeinsam unterwegs und durften dabei Gottes Nähe spürbar erfahren.

Thomas Geuppert hat sich nach intensivem Ringen aus persönlichen Gründen entschieden, einen anderen Weg einzuschlagen. Damit trennen sich unsere gemeinsamen beruflichen Wege. Das war für uns beide ein teilweise sehr schmerzhafter Prozess mit vielen Gesprächen und offenen Fragen.

War der Weg deshalb umsonst?

Sind die großartigen Erfahrungen, die wir unterwegs mit Gott, mit den Menschen und miteinander machen durften, jetzt nichts mehr wert?

Endet hier eine intensive Weggemeinschaft?

Sollten wir das Buch nun nicht mehr veröffentlichen?

Wir sind überzeugt, dass Gott alles ehrliche Suchen und Ringen begleitet und eine Perspektive aufzeigt. Gerade von den Jüngern Jesu wissen wir, dass sie ein Leben lang unterwegs waren und immer wieder „Emmauswege" mit erfreulichen wie schmerzhaften Erfahrungen durchmachen mussten.

Dennoch sind sie miteinander weitergegangen. Oftmals hat sich für sie erst im Rückblick gezeigt, dass Gott sie die ganze Zeit begleitet und geführt hat.

Diese Hoffnung lässt auch uns beide
miteinander weitergehen.
Weitergehen mit brennendem Herzen für Gott
und die Menschen, die uns brauchen.
Weitergehen trotz mancher Hindernisse
und Enttäuschungen.
Weitergehen mit göttlicher Kraft
und in Gemeinschaft mit Gleichgesinnten.
Weitergehen bis zur Auferstehung ...

Antwort

Echter Verlag
Dominikanerplatz 8

D-97070 Würzburg

Vor- und Zuname

Beruf

Straße/Hausnummer

PLZ/Ort

E-Mail

Ich interessiere mich vor allem für Literatur aus den Bereichen

☐ Religion/Theologie ☐ Gemeindearbeit/Pastoral
☐ Franken/Bayern ☐ Lebenshilfe/Meditation

Schicken Sie Ihren Katalog auch an:

Vor- und Zuname

Straße/Hausnummer

PLZ/Ort

Ihre Meinung ist uns wichtig!

Welchem Buch haben Sie diese Karte entnommen?

_____

Erfüllt das Buch inhaltlich Ihre Erwartungen?

_____

Wie gefällt Ihnen die Gestaltung des Buches?

_____

Was würden Sie an diesem Buch gerne anders wünschen?

_____

_____

☐ Senden Sie mir bitte Ihren Neuerscheinungsprospekt

    ☐ einmalig   ☐ regelmäßig

☐ Informieren Sie mich bitte per E-Mail über Ihre
    Neuerscheinungen

www.echter.de

_____

Wie sind Sie auf das Buch aufmerksam geworden?

☐ Prospekt

☐ Rezension

☐ Anzeige in Zeitschrift

☐ Empfehlung des Buchhändlers

☐ Homepage des Verlages

☐ Internet allgemein

☐ Andere

Lieder

Bewahre uns, Gott

1. Be - wah - re uns, Gott, be - hü - te uns,
Gott, sei mit uns auf un-sern We - gen.
Sei Quel-le und Brot in Wüs - ten-
not, sei um uns mit dei - nem
Se - gen. Sei Se - gen.

2. Bewahre uns, Gott, behüte uns, Gott,
   sei mit uns in allem Leiden.
   Voll Wärme und Licht im Angesicht,
   sei nahe in schweren Zeiten.

3. Bewahre uns, Gott, behüte uns, Gott,
   sei mit uns vor allem Bösen.
   Sei Wille und Kraft, die Frieden schafft,
   sei in uns, uns zu erlösen.

4. Bewahre uns, Gott, behüte uns, Gott,
   sei mit uns durch deinen Segen.
   Dein Heiliger Geist, der Leben verheißt,
   sei um uns auf unseren Wegen.

Text: Eugen Eckert
Musik: Anders Ruuth
© *Strube Verlag, München – Berlin (T) – Carus-Verlag, Stuttgart (M)*

Dass du mich einstimmen lässt

KV: Dass du mich ein-stim-men lässt in dei-nen

Ju-bel, o Herr, dei-ner En-gel und himm-li-schen

Hee - re, das er - hebt mei-ne See - le zu

dir, o mein Gott, gro-ßer Kö- nig, Lob sei dir und

Eh - re. 1. Herr, du kennst mei-nen Weg und du

eb - nest die Bahn und du

führst mich den Weg durch die Wü - ste.

2. Und du reichst mir das Brot
   und du reichst mir den Wein
   und bleibst selbst, Herr, mein Begleiter.

3. Und du sendest den Geist
   und du machst mich ganz neu
   und erfüllst mich mit deinem Frieden.

4. Und nun zeig mir den Weg
   und nun führ mich die Bahn,
   deine Liebe zu verkünden.

5. Gib mir selber das Wort,
   öffne du mir das Herz,
   deine Liebe, Herr, zu schenken.

6. Und ich dank dir, mein Gott,
   und ich preise dich, Herr,
   und ich schenke dir mein Leben.

Text und Musik: Kommunität Gnadenthal
© Präsenz-Verlag, Gnadenthal

Du bist das Leben

1. Du bist das Brot, das den Hun-ger stillt,
du bist der Wein, der die
Krü - ge füllt.___ KV: Du bist das
Le - ben, du bist das Le - ben,
du bist das Le - ben, Gott.___

2. Du bist der Atem der Ewigkeit,
   du bist der Weg in die neue Zeit.

3. Du bist die Klage in Angst und Not,
   du bist die Kraft, unser täglich Brot.

4. Du bist der Blick, der uns ganz durchdringt,
   du bist das Licht, das uns Hoffnung bringt.

5. Du bist das Ohr, das die Zukunft hört,
   du bist der Schrei, der die Ruhe stört.

6. Du bist das Kreuz, das die Welt erlöst,
   du bist der Halt, der uns Mut einflößt.

7. Du bist die Hand, die uns schützend nimmt,
   du bist das Korn, das dem Tod entspringt.

8. Du bist das Wort, das uns Antwort gibt,
   du bist ein Gott, der uns Menschen liebt.

Text: Winfried Pilz, Thomas Nesgen, Thomas Laubach
Musik: Thomas Nesgen
© tvd-Verlag, Düsseldorf
(aus: Ökumenischer Kreuzweg der Jugend, 1990)

Du führst mich hinaus ins Weite

Du führst mich hin-aus ins Wei - te,

du machst mei-ne Fins-ter-nis hell.

1. Ich will dich rühmen, Herr, mei<u>ne</u> Stärke,*
Herr, du mein Fels, mei<u>ne</u> Burg, mein Retter,
    2. mein Gott, meine Feste, in der ich <u>mich</u> berge,*
    mein Schild und sicheres <u>Heil</u>, meine Zuflucht.
3. Mich umfingen die Fesseln <u>des</u> Todes,*
mich erschreckten die Flu<u>ten</u> des Verderbens.
    4. In meiner Not rief ich <u>zum</u> Herrn*
    <u>und</u> schrie zu meinem Gott.
5. Er griff aus der Höhe herab <u>und</u> fasste mich,*
zog mich heraus aus ge<u>wal</u>tigen Wassern.
    6. Er führte mich hinaus <u>ins</u> Weite,*
    er befreite mich, denn er hatte <u>an</u> mir Gefallen.
7. Du, Herr, lässt meine Leuchte <u>er</u>strahlen,*
mein Gott macht mei<u>ne</u> Finsternis hell.
    8. Mit dir erstürme <u>ich</u> Wälle,*
    mit meinem Gott über<u>springe</u> ich Mauern.
9. Du schaffst meinen Schritten wei<u>ten</u> Raum,*
mei<u>ne</u> Knöchel wanken nicht.
    10. Darum will ich dir danken, Herr, vor <u>den</u> Völkern,*
    ich will deinem Namen <u>sin</u>gen und spielen.
11. Ehre sei dem Vater und <u>dem</u> Sohn*
und <u>dem</u> Heiligen Geist,
    12. wie im Anfang, so auch jetzt <u>und</u> allezeit*
    und in <u>E</u>wigkeit. Amen.

Verse aus Psalm 18
Musik: Gerhard Kronberg
© Carus-Verlag Stuttgart

Feuer, flammendes Feuer

KV: Feu - er, flam -men -des Feu - er,

Gott hat un -ter uns sein Zelt ge - baut,

Feu - er, flam -men -des Feu - er,

er hat auf uns ge- schaut. 1. Im

Ge -hen uns -res We- ges bist du ver-bor-gen

da. Du bist es, der uns fin -det und

führt, Hal - le - lu - ja.

2. Das Suchen deines Willens lenkt spürbar deine Hand
   verborgen gegenwärtig ist das verheißne Land.

3. Die Tiefe deiner Liebe anbetend schauen wir,
   im Dunkel unsres Weges sind wir vereint mit dir.

4. Das Feuer deines Geistes, das uns zusammenhält
   im Brennen deiner Liebe, ist Leben für die Welt.

Text und Musik: Sr. M. Dorothee Breyer osf
© Kloster Sießen, Saulgau

Geh mit uns auf unserm Weg

KV: Geh mit uns auf un-serm Weg,

geh mit uns auf un-serm Weg.

1. Wenn trau-rig und ent-täuscht wir kla-gen:

Es ist al-les aus. Wenn

mut-los und ge-knickt wir sa-gen:

Jetzt geh ich nach Haus.

2. Wenn allen uns die Sicht genommen:
   Musste das geschehn?
   Wenn Hoffnung, Mut und Kraft zerronnen:
   Wie soll's weitergehn?

3. Wenn Nacht auf uns hereingebrochen:
   Brich mit uns das Brot.
   Bis das letzte Wort gesprochen,
   bis zum Abendrot.

Text: Norbert Weidinger
Musik: Ludger Edelkötter
© KiMu Kinder Musik Verlag GmbH, Pulheim
(aus: IMP 1019 "Geh mit uns")

Lass uns in deinem Namen, Herr

KV: Lass uns in dei - nem Na - men, Herr, die
nö - ti - gen Schrit-te tun.

1. Gib uns den Mut, voll Glau - ben, Herr,
heu -te und mor-gen zu han - deln.___

2. Gib uns den Mut, voll Liebe, Herr,
   heute die Wahrheit zu leben.

3. Gib uns den Mut, voll Hoffnung, Herr,
   heute von vorn zu beginnen.

4. Gib uns den Mut, voll Glauben, Herr,
   mit dir zu Menschen zu werden.

Text und Musik: Kurt Rommel
© Strube Verlag, München – Berlin

Herr, bleibe bei uns (Kanon)

Herr, blei - be bei___ uns, denn
es will A - bend wer - den und der
Tag hat sich_ ge - nei - get. Herr,

Text: Lukas 24,29
Musik: Albert Thate
© Bärenreiter-Verlag, Kassel

Herr, bleibe bei uns

1. Herr, blei-be bei uns auf un-sern schwe-ren We-gen, so ha-ben sie ge-sagt. Sie hör-ten stau-nend ihn von den Pro-phe-ten re-den, doch wer er war, ha-ben sie nicht ge-fragt.

KV: Nicht der "kam" nicht der "war", nicht der "ir-gend-wann mal wer-

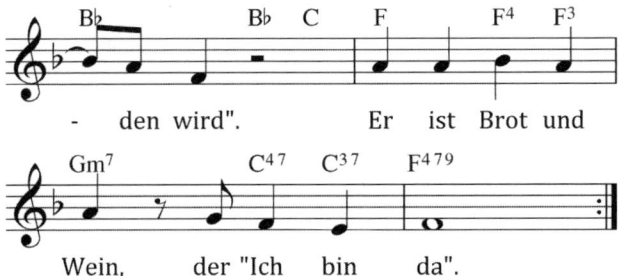

den wird". Er ist Brot und

Wein, der "Ich bin da".

2. Herr, bleibe bei uns, denn es will Abend werden
   und der Tag hat sich geneigt.
   Als er das Brot brach und für sie sprach den Segen,
   da erkannten sie seine Herrlichkeit.

3. Herr, bleibe bei uns, denn unser Glaube ist so klein,
   wenn der Tag zu Ende ist.
   In deiner Güte stillst du den Durst mit Brot und Wein,
   in denen du für uns das Leben bist.

Text und Musik: Gregor Linßen
© EDITION GL, Neuss

Herr, du bist mein Leben

1. Herr, du bist mein Le - ben,

Herr, du bist mein Weg,

du bist mei - ne Wahr - heit, die mich le - ben lässt.

Du rufst mich beim Na - men,

sprichst zu mir dein Wort

und ich ge - he dei - nen Weg, so -

lan - ge du es willst. Mit dir hab ich kei - ne Angst,

gibst du mir die Hand,

und ich bit - te, bleib doch bei mir._

2. Jesus, unser Bruder, du bist unser Herr.
   Ewig wie der Vater, doch auch Mensch wie wir.
   Dein Weg führte durch den Tod in ein neues Leben.
   Mit dem Vater und den deinen bist du nun vereint.
   Einmal kommst du wieder, das sagt uns dein Wort,
   um uns allen dein Reich zu geben.

3. Du bist meine Freiheit, du bist meine Kraft,
   du schenkst mir den Frieden, du schenkst mir den Mut.
   Nichts in diesem Leben trennt mich mehr von dir;
   denn ich weiß, dass deine Hand mich immer führen wird
   Du nimmst alle Schuld von mir und verwirfst mich nie,
   lässt mich immer ganz neu beginnen.

4. Vater unsres Lebens, wir vertrauen dir.
   Jesus, unser Retter, glauben woll'n wir dir.
   Und du Geist der Liebe, atme du in uns.
   Schenke uns die Einheit, die wir suchen in der Welt.
   Und auf vielen Wegen führe uns ans Ziel.
   Mache uns zu Samen der Liebe.

Text und Musik: A. Sequeri
Rechte: unbekannt

Herr, ich glaube fest an dich

1. Va - ter im Him - mel, du er - schufst un - se - re Welt,___ Pflan - zen, Mensch und Tie - re, al - les, wie es dir ge - fällt.___ Du ta - test kund dei - nen Bund. Schenkst im - mer - dar Se - gen dei - ner Schar.___ KV: Herr, ich glau - be fest an dich. Du führst mich si - cher - lich___

Em ... C⁶ ... D ... G
je-den Tag neu_ ... an je-dem Ort._

C ... A/Cis ... G/D ... H
Dir ver-trau ich, dei-nem Wort._____

Em ... C⁶ ... D ... G
je-den Tag neu_ ... an je-dem Ort._

Am⁷ ... Hm⁷
Dir ver - trau ich, dei - nem Wort.

C ... D⁶ ... E

2. Jesus, Sohn Gottes, du nahmst an unsre Gestalt,
   brachtest uns den Frieden, doch wir kreuzigten dich kalt.
   Und du besiegst, weil du liebst,
   Tod, Sünde, Leid und Vergänglichkeit.

3. Heiliger Geist, führ die Kirche durch die Zeit.
   Schütze alle Menschen, öffne unsre Herzen weit,
   dass Kirche lebt, fortbesteht,
   in Liebe wächst, deine Botschaft schätzt.

Text und Musik: Thomas Geuppert
© beim Autor

97

Seht, der Stein ist weggerückt

1. Seht, der Stein ist weg - ge- rückt,_ nicht mehr, wo er war,_ nichts ist mehr am al - ten Platz,_ wo es war. KV: Hal - le - lu - ja, hal - le - lu - ja,
2. Seht, das Grab ist nicht mehr Grab, tot ist nicht mehr tot,_ En - de ist nicht En - de mehr,_ nichts ist, wie es war.
3. Seht, der Herr er - stand vom Tod,_ sucht ihn nicht mehr hier,_ geht mit ihm in al - le Welt,_ er geht euch vor - aus.

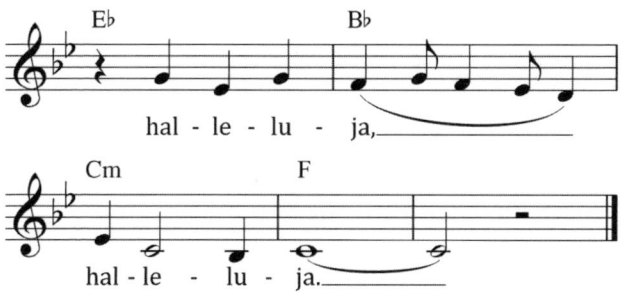

Begleitrhythmus: ♩. ♩. ♩ | ♩. ♩. ♩ | usw.

Text: Lothar Zenetti
Musik: Heinz Martin Lonquich
© *Strube Verlag, München – Berlin (T); Carus-Verlag, Stuttgart (M)*

Wenn das Brot, das wir teilen

1. Wenn das Brot, das wir tei - len, als
Ro - se blüht und das Wort, das wir spre-chen als
Lied er-klingt, dann hat Gott un-ter uns schon sein
Haus ge - baut, dann wohnt er schon in un - ser-er
Welt, ja dann schau - en wir heut schon sein
An - ge -sicht in der Lie - be, die al - les um -
fängt, in der Lie - be, die al - les um- fängt.

2. Wenn das Leid jedes Armen uns Christus zeigt
und die Not, die wir lindern, zur Freude wird,
dann hat Gott unter uns schon sein Haus gebaut ...

3. Wenn die Hand, die wir halten, uns selber hält
und das Kleid, das wir schenken, auch uns bedeckt,
dann hat Gott unter uns schon sein Haus gebaut ...

4. Wenn der Trost, den wir geben, uns weiter trägt,
und der Schmerz, den wir teilen, zur Hoffnung wird,
dann hat Gott unter uns schon sein Haus gebaut ...

5. Wenn das Leid, das wir tragen, den Weg uns weist
und der Tod, den wir sterben, vom Leben singt,
dann hat Gott unter uns schon sein Haus gebaut ...

Text: Claus-Peter März
Musik: Kurt Grahl
© bei den Autoren

Wenn wir das Leben teilen

Wenn wir das Le - ben tei - len
wie das täg-lich Brot, wenn al-le, die uns se-hen,
wis-sen: hier lebt Gott: KV: Je-sus Christ, Feu-er,
das die Nacht er-hellt, Je -sus Christ, du er-
neu - erst uns - re Welt.

2. Wenn wir das Blut des Lebens teilen wie den Wein,
   wenn man erkennt, in uns wird Gott lebendig sein:

3. Wenn wir uns öffnen für den Herrn in dieser Zeit,
   Wege ihm bahnen, dass er kommt und uns befreit:

4. Wenn erst durch unsern Aufschrei Freiheit sichtbar wird,
   wenn Gott es ist, der uns in unserm Handeln führt:

5. Wenn wir die Liebe leben, die den Tod bezwingt,
   glauben an Gottes Reich, das neues Leben bringt:

6. Wenn wir in unsern Liedern loben Jesus Christ,
   der für uns Menschen starb und auferstanden ist:

Text: Hans Florenz
© beim Urheber
Musik: Michel Ambroise Wackenheim
© Edition Musicales, Studio SM, Paris

Wechselnde Pfade (Kanon)

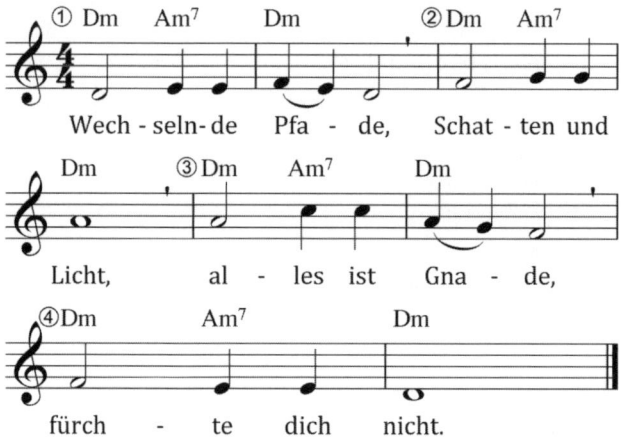

Wech - seln - de Pfa - de, Schat - ten und Licht, al - les ist Gna - de, fürch - te dich nicht.

Text: Baltischer Hausspruch
Musik: Gerhard Kronberg

Wo beginnt der Weg zu dir

1. Wo be-ginnt der Weg zu dir, wenn wir

hier nicht zu le-ben wa - gen, wenn

wir nur den Tod be-kla - gen, dei-nen

Se-gen nicht ver - stehn?

Le-ben wir, le - ben wir, denn

hier be-ginnt der Weg in dein Reich!

KV: Wir wer-den gehn und wei-ter -gehn

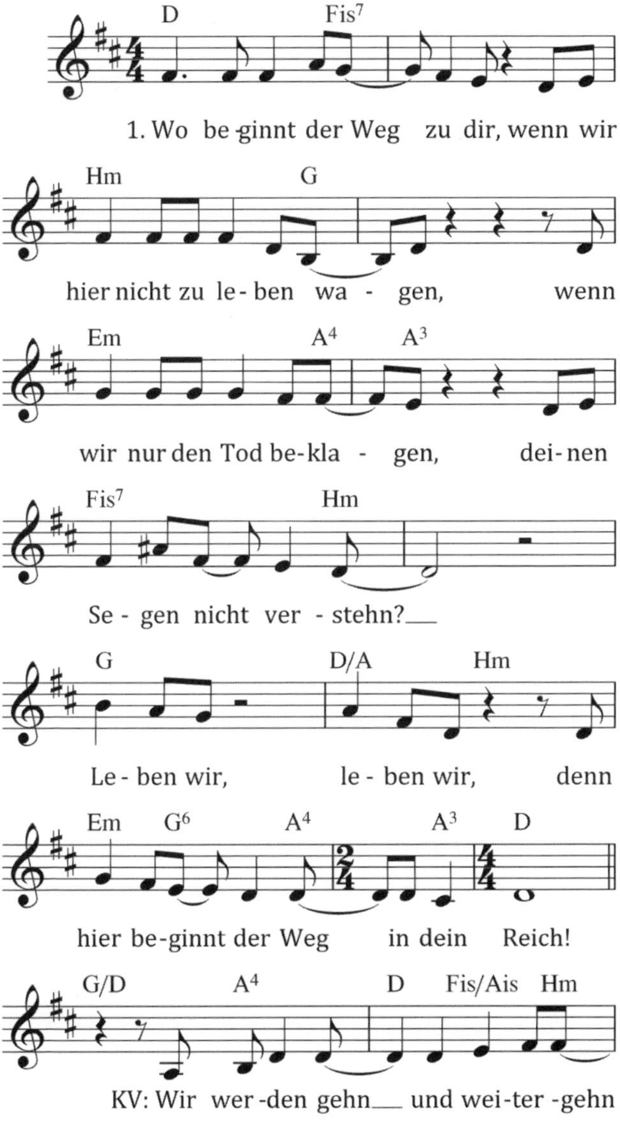

und wei-ter-gehn___ bis hin zum Ho-

- ri-zont, wer-den stehn, am En-de stehn,

___ end-lich ver-stehn,___ dass dein

Reich schon hier be-ginnt,___

hier,

wo der Weg be - ginnt.

2. Wo beginnt der Weg zu dir,
   wenn wir hier nicht *ein* Volk werden,
   wenn wir unsre Kinder lehren,
   nur allein sich selbst zu sehn?
   Teilen wir, teilen wir,
   denn hier beginnt der Weg in dein Reich.

3. Wo beginnt der Weg zu dir,
   wenn wir hier nicht zu Menschen werden,
   wenn wir mit Hass verderben,
   was aus deiner Liebe kam?
   Lieben wir, lieben wir,
   denn hier beginnt der Weg in dein Reich.

4. Wo beginnt der Weg zu dir,
   wenn wir hier nicht an dein Reich glauben,
   wenn wir uns die Hoffnung rauben,
   dort vom Tode aufzustehn?
   Leben wir, leben wir,
   denn hier beginnt der Weg in dein Reich.

Text und Musik: Gregor Linßen
© EDITION GL, Neuss

Zwei Jünger gingen

1. Zwei Jün - ger gin - gen voll Not und Zwei- fel, trau -rig war ihr Ge - sicht. Doch da kam Je - sus und sprach mit ih - nen und plötz -lich wur-de es Licht.

KV: Blei -be bei uns, weil es A - bend wird, blei -be bei uns, o Herr. Blei - be bei uns, weil es dun - kel ist, blei -be bei uns, o Herr.

2. Herr, deine Wege, die du mich leitest,
   kann ich oft nicht verstehn.
   Doch weil du mitgehst und um das Ziel weißt,
   will ich sie gern mit dir gehn.

3. Was uns dein Wort sagt, ist klar und deutlich,
   täglich sprichst du zu mir.
   Doch all mein Reden, mein Tun und Denken
   zeigt herzlich wenig von dir.

4. Doch weil wir dein sind mit Leib und Leben,
   komme, was immer mag.
   Wir mögen fallen, in Nacht verzagen,
   bei dir ist Hilfe und Tag.

5. Viel Jünger gehen voll Not und Zweifel,
   traurig ist ihr Gesicht.
   Doch da kommt Jesus und spricht mit ihnen
   und um sie leuchtet ein Licht.

Text und Musik: Helga Poppe
© Präsenz-Verlag, Gnadenthal

Bibliografische Information der Deutschen Nationalbibliothek

Die Deutsche Nationalbibliothek verzeichnet diese Publikation
in der Deutschen Nationalbibliografie; detaillierte bibliografische
Daten sind im Internet über http://dnb.d-nb.de abrufbar.

© Echter Verlag GmbH
2. Auflage 2011
www.echter-verlag.de
Gestaltung: Peter Hellmund
Fotografie: © Achim Käflein
Druck und Bindung: Friedrich Pustet GmbH & Co. KG, Regensburg
ISBN 978-3-429-03352-1